COLLECTION ENFANTINE JEAN BEDEL

L'année enfantine

DE

Leçons de Choses

Conforme au programme officiel

J'ai six ans et je m'intéresse aux Leçons de Choses.

Armand Colin & Cie, Éditeurs
5, rue de Mézières, Paris

Armand COLIN et Cie, Éditeurs, 5, rue de Mézières, Paris.

ÉDUCATION MORALE ET PRATIQUE
dans les Écoles de filles

Pour le commencement de la classe (*filles*). —
200 Lectures morales quotidiennes, par L. Ch.-Desmaisons. Un volume in-12, cartonné . . . . . . **80** centimes.

> « Créer des habitudes de penser, de sentir et d'agir : toute l'éducation est là ».

« Chaque matin, au commencement de la classe, après un chant, une élève lira à haute voix le développement d'une pensée morale.

« Les élèves suivront attentivement dans leur livre. Toutes se tiendront debout, dans l'attitude du recueillement.

« La maîtresse lira à son tour, commentera et expliquera.

Puis les élèves s'assiéront et la classe commencera. »

(*Le Volume*, du 26 janvier 1895).

Collection enfantine JEAN BEDEL

CONFORME AU PROGRAMME OFFICIEL

Inscrite sur la liste des ouvrages fournis gratuitement par la ville de PARIS à ses Écoles communales.

L'Année enfantine de Leçons de Choses

J'ai 6 ans et je m'intéresse aux Leçons de Choses.

PARIS
ARMAND COLIN ET Cie, ÉDITEURS
5, RUE DE MÉZIÈRES, 5

Tous droits réservés.

Enfants,

Ces petits livres ont été composés avec le profond désir de rendre faciles et douces vos premières heures d'études.

Si nous avons réussi à écarter assez les difficultés pour que le travail, loin d'être pénible, vous soit agréable, bien grande sera notre récompense.

Plus précieuse encore elle nous sera, si nos efforts méritent l'approbation de vos Maîtres et de vos Mères.

A l'*Année enfantine de Leçons de Choses* de JEAN BEDEL, font suite :

1° L'*Année préparatoire d'Enseignement scientifique* de PAUL BERT. . . . . 75 c.

2° Les *Leçons de Choses en 650 gravures* de C. COLOMB (même Librairie). . . . . 1 fr.

Collection enfantine
Jean Bedel
Conforme au programme officiel
Inscrite sur la liste des ouvrages fournis gratuitement par la ville de PARIS à ses Écoles communales.

L'Année enfantine de Grammaire
       (J'ai 6 ans...). . . . . **50 c.**

L'Année enfantine d'Exercices français
       (J'ai 6 ans 1/2...). . . . **50 c.**

L'Année enfantine d'Arithmétique
       (J'ai 6 ans...). . . . . **50 c.**

L'Année enfantine de Géographie
       (J'ai 6 ans...). . . . . **75 c.**

L'Année enfantine de Leçons de Choses
       (J'ai 6 ans...). . . . . **50 c.**

L'Année enfantine d'Histoire de France
       (J'ai 7 ans...). . . . . **50 c.**

L'Année enfantine de Rédaction
       (J'ai 8 ans...). . . . . **50 c.**

L'Année enfantine d'Histoire sainte (*Écoles libres*)
       (J'ai 7 ans...). . . . . **50 c.**

Les ouvrages de la Collection enfantine **JEAN BEDEL** *servent de préparation à* **toutes les méthodes**, — *et particulièrement aux cours suivants :*

Grammaire Larive et Fleury.	Leçons de Choses Colomb.
Arithmétique Leyssenne.	Sciences élémentaires Paul Bert.
Géographie Foncin.	Rédaction Carré et Moy.
Histoire de France Ern. Lavisse.	Histoire sainte Bénard.

publiés par les mêmes Éditeurs.

PROGRAMME OFFICIEL

Classe enfantine de 5 à 7 ans.

Éléments usuels des Sciences physiques et naturelles (*Leçons de Choses*).

Notions très élémentaires sur le corps humain; hygiène (petits conseils); petite étude comparée des animaux que l'enfant connaît, des plantes, des pierres, des métaux; quelques plantes alimentaires et industrielles; pierres et métaux d'usage ordinaire.

L'air, l'eau (vapeur, nuage, pluie, neige, glace); petites leçons de choses, toujours avec les objets mis sous les yeux et dans les mains des enfants.

Exercices et entretiens familiers ayant pour but de faire acquérir aux enfants les premiers éléments des connaissances usuelles (la droite et la gauche; noms des jours et des mois; distinction d'animaux, de végétaux, de minéraux; les saisons) et surtout de les amener à regarder, à observer, à comparer, à questionner et à retenir.

Pour l'ordre à suivre dans les leçons, on essayera de combiner, toutes les fois qu'on le pourra, en les rattachant à un même objet, la leçon de choses, le dessin, la morale, les jeux et les chants, de manière que l'unité d'impression de ces diverses formes d'enseignement laisse une trace plus durable dans l'esprit et le cœur des enfants. On s'efforcera de régler, autant que possible, l'ordre des leçons par l'ordre des saisons, afin que la nature même fournisse les objets de ces leçons, et que l'enfant contracte ainsi l'habitude d'observer, de comparer et de juger.

. . . . .

Pour apprendre combien les mois ont de jours.

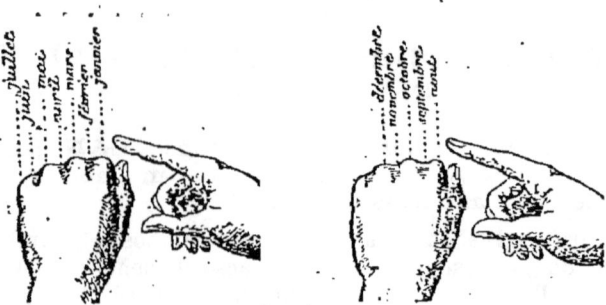

Les mois de 31 jours correspondent aux saillies et ceux de 30 jours aux creux.

L'ANNÉE ENFANTINE
DE
LEÇONS DE CHOSES

I. – Notions préliminaires.

1. *Les 7 jours de la Semaine.*

1. **Lundi.**
2. **Mardi.**
3. **Mercredi.**
4. **Jeudi.**
5. **Vendredi.**
6. **Samedi.**
7. **Dimanche.**

2. *Les 12 mois de l'Année* (fig.).

1. **Janvier** (31 jours).
2. **Février** (28 ou 29 jours).
3. **Mars** (31 jours).
4. **Avril** (30 jours).
5. **Mai** (31 jours).
6. **Juin** (30 jours).
7. **Juillet** (31 jours).
8. **Août** (31 jours).
9. **Septembre** (30 jours).
10. **Octobre** (31 jours).
11. **Novembre** (30 jours).
12. **Décembre** (31 jours).

3. *Les 4 saisons de l'Année.*

1. **Printemps** (21 mars).
2. **Été** (21 juin).
3. **Automne** (21 septembre).
4. **Hiver** (21 décembre).

---

1. Combien y a-t-il de jours dans la semaine ? Quels sont-ils ? — 2. Quels sont les douze mois de l'année ? — 3. Nommez les quatre saisons. — 4. Combien y a-t-il de jours dans l'année ? (365 ou 366).

Plante. Pierre. Chat.
(Règne végétal). (Règne minéral). (Règne animal).

4. Les trois Règnes* de la Nature.

1. Enfants, voyez ce joli petit **chat** qui joue avec une **pierre** *(fig.)*. Très drôlement, il se la cache à lui-même derrière un pot de **fleurs**, et prend des poses gracieuses, des airs graves tout à fait comiques, pour l'attraper et la faire rouler avec sa patte.

2. Le *chat* est un **animal**;
   La *fleur* est un **végétal**;
   La *pierre* est un **minéral**.

3. Dans la nature, il n'y a que des *animaux*, des *végétaux*, ou des *minéraux*. Apprenez à les distinguer.

Exercice d'observation. — 1. Nommez cinq animaux. — 2. Cinq végétaux. — 3. Cinq minéraux. — 4. A quel règne appartient le fer? — 5. Le bœuf? — 6. L'oiseau? — 7. Le chêne? — 8. Le mouton?

1, 2. Quels sont les trois règnes de la nature? — 3. Donnez un exemple du règne animal, du règne végétal, du règne minéral.

II. — Autour du Foyer.

Un intérieur de braves gens.

AUTOUR DU FOYER

1. *Nos maisons.*

1. Une **maison** (*fig.*) est construite avec des **pierres**, des **briques**, du **plâtre**.

Une maison.

2. Elle présente deux **pignons***, et deux **façades** percées de **fenêtres** et de portes.

3. Elle est recouverte d'un **toit** en **tuiles**, en **ardoises** ou en **zinc**.

4. Dans les campagnes, le toit est quelquefois en **chaume**, c'est-à-dire en **paille**.

Notions complémentaires. — 1. En quoi sont faits les murs des maisons? (*pierre de taille, meulière, briques*). — 2. Comment unit-on les pierres et les briques? (*plâtre, ciment, mortier*). — 3. Comment s'appellent les petites fenêtres qu'on perce quelquefois sur le toit? (*lucarnes*). — 4. Qu'établit-on le long du toit pour permettre à la pluie de s'écouler? (*gouttières*).

Exercice de dessin. — 1. Dessinez une maison. — 2. Une porte. — 3. Une fenêtre.

---

1. Indiquez des matériaux employés pour la construction d'une maison. — 2. Dans une maison, où sont les pignons? — Où est la façade? — 3, 4. En quoi fait-on les toits?

2. *Pour construire une maison.*

1. Pour construire une maison, il faut des **terrassiers** qui préparent les fondations ; — des **serruriers**, qui élèvent la *charpente* en fer ; — des **maçons**, qui construisent les *murs* (fig.) ; — des **charpentiers** et des **couvreurs**, qui font la toiture ; — des **plombiers**, qui installent les tuyaux amenant *l'eau* et le *gaz*.

Maison en construction.

2. Il faut en outre des *menuisiers*, pour faire les fenêtres, les volets, les portes, etc. ; des *peintres* et des *fumistes*.

Famille de mots. — *Copiez :* terre, terrasse, terrasser, terrassier ; — serrure, serrurier, serrurerie ; — charpente, charpentier ; — couvrir, couvreur, couverture ; — toit, toiture ; — peintre, peinture, peindre ; — fumée, fumeur, fumoir, fumiste, fumisterie.

---

1. Que font les terrassiers ? — les serruriers ? — les maçons ? — les charpentiers et les couvreurs ? — les plombiers ? — 2. Indiquez d'autres ouvriers employés à la construction des maisons.

3. Le chauffage.

1. Nous chauffons nos maisons au moyen de **cheminées** (fig.), ou de **poêles**.

Cheminée.

2. Pour cela nous employons du **combustible**, c'est-à-dire du *bois*, du *charbon*.
3. Les **forêts** nous fournissent le **bois**.

Meule à charbon de bois.

4. Dans la terre, on trouve la **houille** ou *charbon de terre*.
5. On brûle aussi du **coke**, de la *tourbe*, du *charbon de bois*.

Notions complémentaires. — 1. Comment s'appelle l'endroit d'où l'on extrait la houille? (*une mine*). — 2. Savez-vous ce qu'on retire de la houille? (*gaz d'éclairage*). — 3. Quel nom donne-t-on au charbon qui reste alors? (*coke*). — 4. Où trouve-t-on la tourbe? (*au fond de certains marais*). — 5. Comment fabrique-t-on le charbon de bois? (*avec du menu bois que l'on fait carboniser* sous une meule de terre humide.*) (*fig.*).

Exercice de dessin. — Reproduire la cheminée ci-dessus.

1. Quels sont les principaux appareils de chauffage? — 2. Indiquez des substances combustibles. — 3. D'où provient le bois? — 4. La houille? — 5. Indiquez d'autres charbons.

4. L'éclairage.

1. Les grandes villes sont éclairées à **l'électricité** (fig.) ou au gaz.

2. Dans nos maisons, nous nous éclairons au moyen de **becs de gaz** (fig.), de **bougies** (fig.), de lampes à **pétrole**, à **essence** ou à **huile** (fig.).

Lumière électrique.

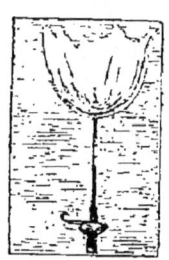 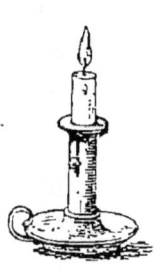  

Bec de gaz. — Bougie. — Lampe à pétrole. — Lampe à huile.

3. Autrefois on se servait de **chandelles** et de **torches** de résine, qui fumaient et éclairaient mal.

Notions complémentaires. — 1. D'où provient le gaz d'éclairage? (de la houille). — 2. Qu'est-ce qu'une *torche*? (une mèche imbibée de *résine*). — 3. Qu'est-ce que le *pétrole*? (c'est un liquide qui sort naturellement de terre dans certains pays). — 4. D'où extrait-on l'huile? (de certaines plantes: colza, œillette).

1. Comment sont éclairées les grandes villes? — 2. Comment éclairons-nous nos maisons? — 3. De quoi se servait-on autrefois pour éclairer?

5. *Hygiène* de l'habitation.*

1. Pour être bien portant, il faut habiter une maison **saine**.

2. Pour qu'une maison soit *saine*, il faut qu'elle soit exposée au **soleil**.

3. Il faut encore que la **lumière** et l'**air** y pénètrent par de larges *fenêtres* fréquemment ouvertes (fig.).

Ouvrez largement vos fenêtres, pour respirer un air pur.

4. Il faut enfin que dans toutes les pièces règne la plus grande **propreté**.

Ma maisonnette.

Dès que naît l'aurore,
Au fond du ciel clair,
Le blond soleil dore,
De son fauve éclair,
La gaieté proprette
De ma maisonnette.
Pour embaumer l'air,
La fleur vient d'éclore;
Salut à l'aurore
Au fond du ciel clair!

Conseil d'hygiène. — Redoutez moins l'air froid que l'air confiné* pernicieux à la santé. — Évitez les *poêles à combustion lente** qui dégagent un gaz (oxyde de carbone), véritable poison.

1, 2, 3. Que faut-il pour qu'une maison soit saine à habiter? — 4. Comment doit-on tenir l'intérieur d'une maison?

6. *Nos vêtements.*

1. Nous portons des vêtements de **toile**, de **coton** ou de **laine**.

2. La nature nous fournit tout ce qui est nécessaire pour fabriquer ces vêtements.

3. Les animaux nous donnent leur **fourrure**, leur **laine** (*fig.*), leur **soie** (*fig.*).

 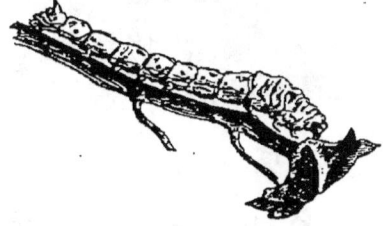

Mouton.   Ver à soie.

4. Des **plantes**, telles que le **lin**, le **chanvre**, le **coton** (Voir p. 33), nous fournissent la *toile*, le *calicot*.

5. Des **matières minérales**, telles que le *fer*, le *cuivre*, l'*argent*, l'*or* nous servent à fabriquer des boutons, des bijoux, etc.

Conseil d'hygiène. — L'hiver, portez des vêtements de laine foncés : ils *conservent bien* la chaleur. — L'été, mettez des vêtements clairs : ils *absorbent* peu la chaleur.

Pour apprendre à s'exprimer. — 1. Indiquez le nom des vêtements d'homme. — de femme. — 2. Quel est l'animal qui fournit de la laine ? — 3. Indiquez des animaux qui nous donnent des fourrures. — de la soie. — 4. Quels sont les trois règnes de la nature ? (animal, végétal, minéral.)

1. En quoi sont faits nos vêtements ? — 2. D'où proviennent les matières nécessaires à la confection de nos vêtements ? — 3. Que nous donnent les animaux ? — 4. Les végétaux ? — 5. Les minéraux ?

7. Nos aliments.

1. Nous empruntons aussi notre nourriture, c'est-à-dire nos **aliments**, aux trois règnes de la nature.

2. Le règne animal nous fournit : la **viande** de boucherie (fig. 1) ;

FIG. 1. — Bœuf.

— les **oiseaux de basse-cour** (fig. 2) ; — le **gibier** de poil et de plumes ; — les **poissons de mer** et les

FIG. 2. — Poule.

FIG. 3. — Poisson.

poissons d'*eau douce* ou de rivières (fig. 3).

Notions complémentaires. — 1. Indiquez les animaux qui fournissent de la viande de boucherie. — 2. du gibier de poil. (lièvre, chevreuil, sanglier, etc.) — 3. du gibier de plumes. (faisan, perdrix, caille, etc.) — 4. Nommez des poissons. — 5. Que nous donne la vache ? — 6. la poule ?

---

1. D'où tirons-nous nos aliments ? — 2. Indiquez tout ce que fournit le règne animal pour notre nourriture.

8. *Nos aliments* (suite).

1. Le **règne végétal** nous donne le **blé** (fig.), dont on fait le pain; la *canne à sucre*, la *betterave* (fig.), dont on tire le *sucre*; les **légumes** les plus variés, les **fruits** les plus succulents (fig.).

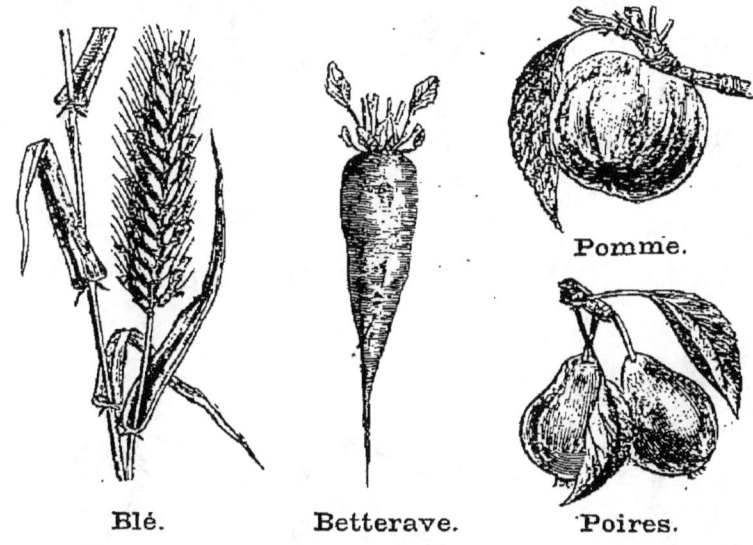

Blé. Betterave. Pomme. Poires.

2. Le **règne minéral** nous fournit le **sel** qu'on extrait surtout de l'eau de mer.

Conseil. — Ne mangez pas de *fruits verts** : ils sont difficiles à digérer.

Dessin. — Dessinez la betterave, la pomme, les poires ci-dessus.

Pour apprendre à réfléchir. — 1. Ne trouvez-vous pas que la nature est généreuse de nous donner ainsi tout ce dont nous avons besoin? — 2. Croyez-vous que les hommes ont toujours su tirer parti des choses de la nature?

---

1. Indiquez des aliments qui nous sont fournis par le règne végétal. | — 2. Indiquez un aliment qui est fourni par le règne minéral.

9. Boissons.

1. Les principales boissons sont : l'**eau**, le **vin**, la **bière**, le **cidre**, le *poiré* ; — le *thé*, le *café*, le **lait**.

2. Le *chocolat*, mélangé au lait ou à l'eau, donne un aliment liquide.

Fig. 1. Raisin.

Fig. 2. Houblon.

Fig. 3. Orge.

3. Le **lait** est un aliment liquide dont

Fig. 4. — Thé.

Fig. 5. — Café.

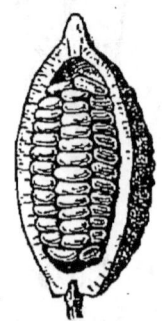
Fig. 6. — Cacao.

on tire le *beurre* et le *fromage*.

Notions complémentaires. — 1. Avec quoi fait-on le vin? (fig. 1) — 2. la bière? (houblon, orge) (fig. 2 et 3). — 3. le cidre? (pommes). — 4. le poiré? (poires). — 5. D'où provient le thé? (feuilles d'un arbre de la Chine) (fig. 4). — 6. le café? (graine du caféier) (fig. 5). — 7. Que renferme le chocolat? (du cacao (fig. 6), extrait de la graine du cacaoyer).

1. Quelles sont les principales boissons? — 2. Qu'est-ce que le chocolat? — 3. Que retire-t-on du lait?

10. *Notre corps.*

1. Notre corps est recouvert par la **peau**.

2. Sous la peau se trouve la *chair*, c'est-à-dire les **muscles** (fig.).

3. Les *muscles* se rattachent aux **os** et

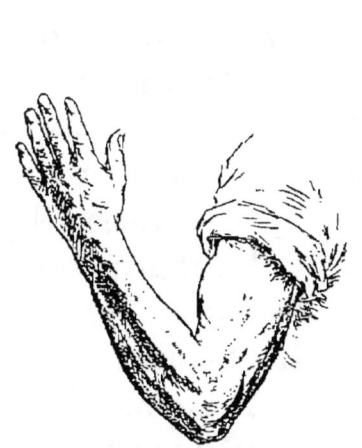
Muscles du bras.

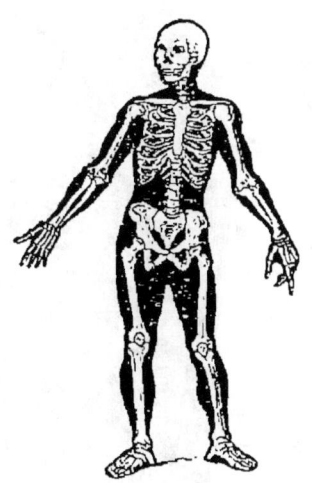
Squelette.

nous permettent de *faire des mouvements*.

4. L'ensemble des os du corps s'appelle **squelette** (fig.).

5. Le *squelette* comprend : la *tête*, le *tronc*, les *membres* (bras et jambes).

Pour apprendre à observer. — Rapprochez l'avant-bras du haut du bras ; sentez-vous comme le muscle se « contracte » ? Voilà ce qui détermine le mouvement : c'est la contraction des muscles.

1. De quoi notre corps est-il recouvert ? — 2. Qu'est-ce qui se trouve sous la peau ? — 3. A quoi servent les muscles ? — 4. Qu'est-ce que le squelette ? — 5. Quelles sont les différentes parties du squelette ?

11. *Notre corps* (suite).

1. Dans la partie de la **tête** qu'on appelle le *crâne*, est logé le **cerveau**.

2. Dans la *poitrine* se trouve le **cœur** (B), placé entre les deux **poumons** (A).

3. Dans le ventre ou **abdomen**, il y a l'**estomac** (C), le *foie* (G), les **intestins** (F, I).

4. La **colonne vertébrale** soutient le *tronc* et porte la *tête*.

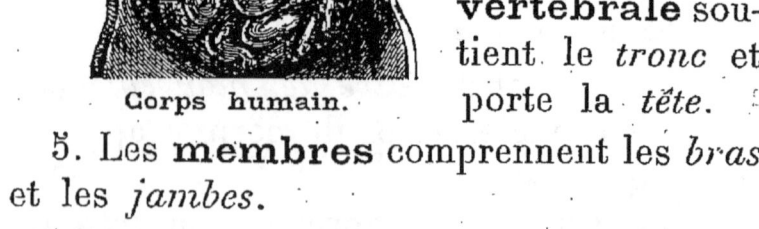

Corps humain.

5. Les **membres** comprennent les *bras* et les *jambes*.

Notions complémentaires. — 1. A quoi sert le cerveau ? (siège de l'intelligence). — 2. le cœur? (lance le sang dans toutes les parties du corps). — 3. les poumons? (respiration). — 4. l'estomac? (digestion de nos aliments).

Conseil d'hygiène. — Se *serrer la taille*, c'est se condamner à *mal digérer*, à *mal respirer*, à éprouver toutes sortes de malaises.

1. Où est logé le cerveau ? — 2. Qu'y a-t-il dans la poitrine ? — 3. Où se trouvent l'estomac, le foie, les intestins ? — 4. A quoi sert la colonne vertébrale ? — 5. Qu'appelle-t-on membres ?

12. *Les cinq sens.*

1. Les cinq *sens* sont : la **vue**, — l'**ouïe**, — le **toucher**, — le **goût**, — l'**odorat**.

2. L'**œil** (*fig.*) nous donne le sens de la *vue;* — l'**oreille** (*fig.*), celui de l'*ouïe;* — la **peau**, celui du *toucher*, qui s'exerce surtout par la **main** (*fig.*); — la **langue**, celui

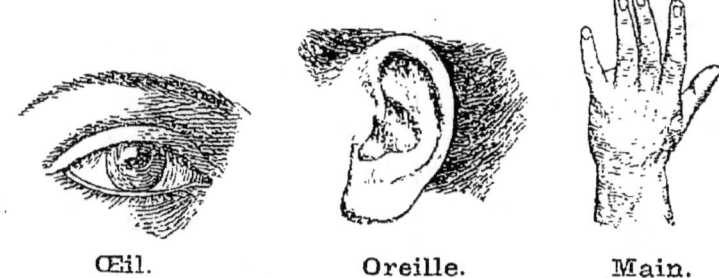

Œil. Oreille. Main.

du *goût;* — le **nez**, ou plus exactement les *fosses nasales*, celui de l'*odorat*.

Notions complémentaires et hygiène. — La peau est parsemée de petits trous appelés *pores* par lesquels s'écoule la *sueur*. — La peau réclame la plus grande propreté afin que les pores ne soient pas bouchés.

Pour apprendre à s'exprimer[1]. — 1. De quel nom désigne-t-on celui qui a perdu la vue? — l'ouïe? — 2. Avec quelle partie du corps touche-t-on généralement?

[1]. Pour habituer les enfants à s'exprimer et à rédiger, voir l'*Année enfantine de Rédaction*, collection JEAN BEDEL (même Librairie).

---

1. Nommez les cinq sens. — 2. Quel sens nous donne la peau? — l'œil? — l'oreille? — la langue? — les fosses nasales?

13. Petites notions d'Hygiène.
De l'eau, de l'air, de la lumière.

Conseils généraux.

1. Recherchez l'**air pur**.
2. Redoutez l'*air confiné*, c'est-à-dire l'air qui n'est pas renouvelé.
3. N'employez pas de poêles à combustion lente.
4. Prenez des *bains* fréquemment ; faites des ablutions* d'eau froide : la **peau** exige la plus grande propreté.
5. Ne vous refroidissez pas brusquement quand vous êtes en transpiration.
6. Prenez chaque jour de l'**exercice** au grand air.
7. Ne vous habituez jamais à boire de l'**alcool**.
8. Mangez modérément.
9. A votre âge, ayez **9 heures de sommeil**.

Quelques conseils particuliers.

1. Ne mangez ni **champignons** ni **baies** que vous ne connaissez pas : vous pourriez vous empoisonner.
2. Ne mettez pas dans votre bouche des **allumettes** ordinaires : le phosphore qu'elles portent à leur extrémité est un poison.
3. Si vous vous *brûlez légèrement*, trempez la partie brûlée dans l'**eau fraîche** ou mettez une compresse.
— Si la brûlure *a enlevé la peau*, mettez un **corps gras** (du beurre, de l'huile, etc.), et recouvrez de ouate.
4. Si vous recevez un choc, un coup, baignez d'eau fraîche la partie meurtrie, ou mieux encore mettez une compresse d'*arnica*.
5. Employez de l'**eau boriquée** pour laver une écorchure, une plaie.

Devoir — Récapitulation

Copiez et complétez.

1. Jusqu'ici je n'avais pas remarqué combien la nature est généreuse à l'homme. Maintenant je sais et j'admire.

2. Je sais que tout, dans notre corps, est merveilleusement organisé : la ..., le ..., les ..., etc.

3. Je sais aussi que le règne ..., le règne ... et le règne ... nous donnent tout ce qui nous est nécessaire : les ..., les ..., les ..., le ..., l' ..., les matériaux pour construire nos ... .

L'ANNÉE ENFANTINE DE LEÇONS DE CHOSES.

RÉCAPITULATION DE MOTS USUELS

1° Copiez plusieurs fois chacun des mots suivants; — 2° Expliquez-en oralement le sens.

1. Maison
pierre
brique
plâtre
mur
fenêtre
toit
tuile
ardoise
charpente.

2. Chauffage
combustible
bois
charbon
houille
coke
tourbe.

3. Éclairage
huile
bougie
chandelle
pétrole
gaz
électricité

4. Vêtement
toile
coton
laine
soie
fourrure
robe
corsage
jupon
chemise
pantalon
gilet
habit

5. Aliments
viande
gibier
poisson
légumes
pain
fruit
riz
sucre
sel
poivre

6. Boissons
eau
vin
bière
cidre
lait
œuf
thé
café
chocolat.

7. Corps
peau
muscle
os
squelette
bras
jambe
tête
tronc
poitrine
cœur
estomac
foie
intestins

III. — **A travers les champs.**

Le travail aux champs donne force, santé et joie.

A TRAVERS LES CHAMPS

1. *Le végétal.*

1. Observons ensemble ce **poirier** *(fig.)* que le printemps a couvert de délicates fleurs blanches.

2. Dans la terre, plongent les **racines** de l'arbre, qui le retiennent au sol, et lui permettent d'y puiser les *sucs** dont il se nourrit.

3. Dans l'air, s'élève le **tronc**, c'est-à-dire la *tige*, d'où partent les **branches** qui portent les **feuilles** et les **fleurs**.

Poirier.

4. Plus tard, la fleur formera le **fruit**, et celui-ci renfermera les **graines**.

Notions complémentaires. — 1. Quand dit-on le tronc? (quand la tige est de la nature du bois). — 2. De quoi se couvrent les arbres au printemps? (de fleurs et de feuilles). — 3. D'où sortent les fleurs? — les feuilles? (les fleurs ainsi que les feuilles, sortent de *bourgeons*). — 4. A quoi servent les **feuilles**? (à la respiration de la plante). — 5. Qu'est-ce qui circule dans la tige et les branches? (la **sève**, qui porte à la plante sa nourriture).

---

1. Expliquez ce que vous apprend l'observation d'un poirier. — 2. Dites à quoi servent les racines. — 3. Qu'est-ce que la tige? — Que porte-t-elle? — 4. Que forme la fleur? — Que renferme le fruit?

2. La fleur. — Le fruit.

1. Effeuillons cette jolie *églantine* ou rose sauvage.

Fleur d'églantier.

Nous lui enlevons ses **pétales,** c'est-à-dire sa **corolle** (A).

2. Au milieu, nous voyons des espèces de bâtonnets* dont le bout est couvert d'une poussière jaune. Ce sont les **étamines**(B).

3. Enfin, sous la fleur, il y a une petite boule verte. Cette boule deviendra le **fruit**, et le fruit contiendra les **graines**.

Pour apprendre à observer et à s'exprimer. — 1. Nommez les fleurs que vous connaissez et indiquez-en la couleur. — 2. Où poussent principalement les coquelicots? (dans les blés.) — 3. Les bluets? (dans les blés.) — 4. Les liserons? (dans les haies.) — 5. Les violettes? (dans les bois.) — 6. Le muguet? (dans les bois.) — Les pâquerettes? (dans le gazon.)

Notions complémentaires. — 1. La *graine* mise dans la terre y pompe l'humidité, s'entr'ouvre, pousse, et forme une nouvelle plante qui verdit à la lumière.

---

1. Comment s'appelle la réunion des pétales? — 2. Que savez-vous des étamines? — 3. Qu'est-ce qui deviendra le fruit?

3. *Le blé.*

1. En automne, on **laboure** la terre au moyen d'une **charrue** (fig. 1).

2. Puis le **semeur** (fig. 2) *lance* des grains de blé sur la terre labourée.

3. Ensuite on *traîne* sur le sol une **herse*** (fig. 3), pour *recouvrir* de terre les grains semés.

4. Au printemps, on passe le **rouleau** (fig. 4), pour *tasser* la terre.

5. En été, on fait la **moisson**. On coupe le blé ; on le met en *gerbes*.

1. Labourage.

2. Semailles.

3. Hersage.

4. Roulage.

---

1. Parlez du labourage. — 2. Des semailles. — 3. Du hersage. — 4. Du roulage. — 5. De la moisson.

4. Ce que l'on fait du blé.

1. Le battage du blé.

2. Le moulin.

3. Le pétrin.

4. Le four.

1. L'hiver, on **bat** le blé (fig. 1). On sépare ainsi les *grains* de la *paille*.

2. On *moud* ces grains au moulin (fig. 2), et l'on obtient la **farine** et le **son**.

3. Le boulanger *pétrit* la farine avec de l'eau (fig. 3), et y ajoute du sel, puis du **levain***, pour faire *lever* la pâte.

4. Il fait cuire cette pâte au **four** (fig. 4) : elle devient du pain.

Notions complémentaires. — 1. Comment bat-on le blé? (avec des *fléaux* ou des *machines*). — 2. A quoi sert le **son**? (nourriture des animaux). — 3. A quoi sert la **paille** ou *chaume*? (à faire le toit des maisons appelées *chaumières*, à nourrir les bestiaux, à leur faire la *litière*).

1. Pourquoi bat-on le blé? — 3, 4. Comment le boulanger fait-il le pain?
2. Que fait-on des grains de blé?

5. *Céréales*.

Blé. — Seigle. — Orge.

Les principales **céréales** sont le **blé** (fig.), le sei-

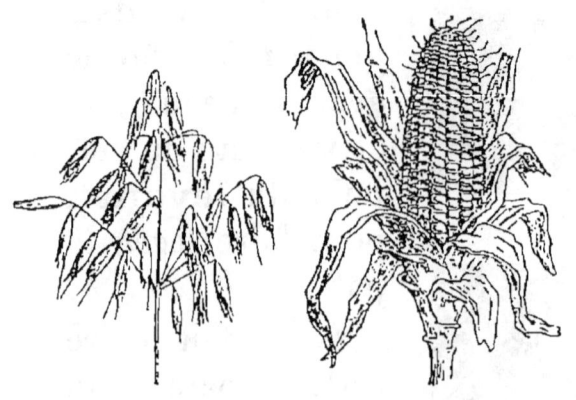

Avoine. — Maïs. — Riz.

gle (fig.), l'**orge** (fig.), qui poussent en *épis*; l'**avoine** (fig.), aux grains légers délicatement suspendus à des tiges; le **sarrasin** ou *blé noir*; le **maïs** (fig.) ou *blé de Turquie*; le **riz** (fig.) qui croît dans les terres marécageuses des pays chauds.

6. La vendange. — Le vin.

1. C'est en septembre. Le village est plein du chant des **vendangeurs**, qui partent, hotte au dos. Suivons-les, et entrons avec eux dans les vignes.

La vendange.

2. Ils font la *cueillette* des grappes (*fig.*), qui sont ensuite emportées au *cellier*.

3. Là, des hommes *foulent* le raisin, en le piétinant (*fig.*), et le **jus** coule dans une *cuve*.

Le foulage.

4. On verse ce *jus* dans d'autres grandes *cuves*, où il **fermente***, et il devient le **vin**.

Pour apprendre le français. — 1. Comment s'appelle la récolte du raisin? (vendange). — 2. Un ensemble de grains groupés sur une tige principale? (*grappe*). — 3. Le pied de la vigne? (*cep*). — 4. Un pied de vigne qui grimpe contre un mur? (*treille*). — 5. Qu'y a-t-il dans le vin? (de l'*alcool*).

1, 2. Quand et comment fait-on la vendange? — 3, 4. Expliquez comment on fait le vin.

7. L'alcool dans les boissons naturelles.

1. **L'alcool** se trouve dans les boissons naturelles, le **vin**, le **cidre**, le **poiré**, la **bière**.

Extrait du tableau d'Anti-Alcoolisme du Dʳ Galtier-Boissière (même librairie).

2. Il est produit par la fermentation du jus de **raisin**, de **pommes**, de **poires**, d'**orge** et de **houblon**, selon la boisson.

3. Ces **boissons naturelles sont bonnes**. Toutefois, elles ne doivent pas être prises avec excès ; car le danger, pour qui s'habitue à boire de l'alcool, c'est de ne plus pouvoir s'en passer.

4. Or, l'alcool **empoisonne lentement**.

---

1. Indiquez des boissons naturelles renfermant de l'alcool. — 2. D'où provient l'alcool ? — 3. Ces boissons naturelles sont-elles bonnes ? — 4. Quels effets produit l'alcool ?

8. Alcools industriels.

1. Les **alcools industriels** que l'on extrait de la **betterave**, de la **pomme de terre**, du **grain** sont **mauvais** à la santé, même lorsqu'ils sont pris en petite quantité.

2. C'est pourtant avec ces alcools que l'on fabrique l'absinthe, l'eau-de-vie de qualité inférieure, etc.

3. Toutes ces boissons **empoisonnent** peu à peu ceux qui en font usage et les rendent fous.

Extrait du tableau d'Anti-Alcoolisme du Dr GALTIER-BOISSIÈRE (même librairie).

Notions complémentaires. — 1. Qu'est-ce que la betterave? (plante cultivée surtout dans le nord de la France, et dont on extrait le sucre de betterave et l'alcool). — 2. Qu'est-ce que la pomme de terre? (la pomme de terre est ce qu'on appelle un *tubercule*, c'est-à-dire une partie de racine gonflée de fécule).

1. D'où extrait-on les alcools industriels? — 2. Indiquez des alcools industriels. — 3. Quel en est le danger?

9. *Plantes textiles**.

1. Les plantes qui servent à faire des tissus, sont : le **chanvre** (fig. 1), le **lin** (fig. 2), le **cotonnier** (fig. 3).

2. Quand le *chanvre* est mûr, on l'arrache, on enlève les

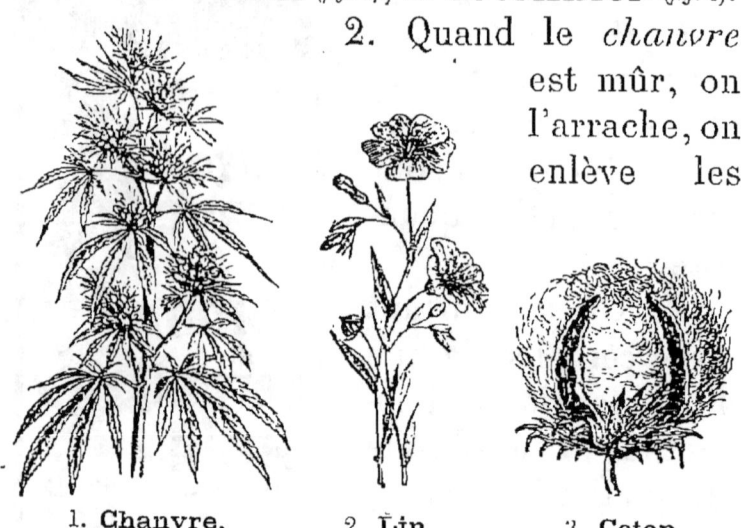

1. Chanvre.   2. Lin.   3. Coton.

graines, on le laisse *pourrir* dans l'eau, puis on sépare les filaments les uns des autres.

3. On *peigne* ces filaments, on les *tord* en fils, et, avec le fil, on fabrique la **toile**.

Pour apprendre le français[1]. — Chanvre, chènevis*; — lin, linge; — coton, cotonnier, cotonnade; — grain, grainetier, grenier, égrener; — fil, filet, filament, filasse*, filature*.

1. Indiquez des plantes servant à faire des tissus. — 2, 3. Expliquez comment on travaille le chanvre.

[1]. *L'Année enfantine de Grammaire* (j'ai 6 ans), collection JEAN BEDEL (même Librairie).

10. *Les arbres fruitiers.*

1. Il y a une grande variété d'*arbres* dans la nature.

Verger.

2. Dans nos vergers (fig.) et dans nos champs croissent : le **poirier**, le **pommier** (fig.), le **cerisier**, l'**abricotier**, le **pêcher** (fig.), le **cognassier** (fig.), le **prunier**.

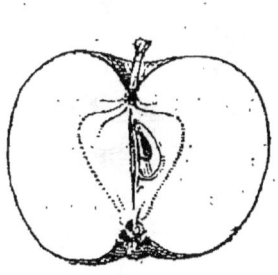
Pomme.

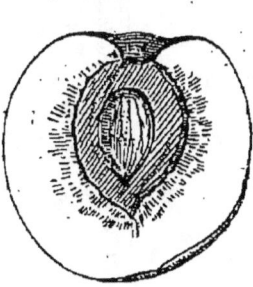
Pêche.

Coing.

Pour apprendre à observer. — 1. Nommez des fruits à *noyau*. — 2. A *pépins*. — 3. Quel est le fruit du *cognassier* ? (coing). — 4. Quelle boisson fait-on avec les poires ? (poiré). — 5. Avec les pommes ? (cidre). — 6. Dans quels pays de France boit-on du cidre ?

1, 2. Nommez des arbres fruitiers.

11. *Les arbres.*

1. Dans les forêts de France croissent : le **chêne**, le **hêtre**,

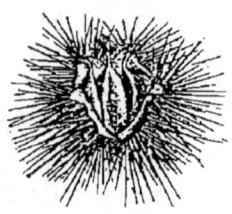

Gland de chêne.   Châtaigne.   Pomme de pin.

l'**orme**, le **charme**, le **bouleau**, le **châtaignier**, le **peuplier**, le **pin**, le **sapin**, etc.

2. Dans les pays chauds, croissent : les **palmiers** (*fig.*), les **dattiers**.

Palmier.

Pour apprendre à observer et à réfléchir. — 1. Quel est le fruit du chêne ? (gland). — 2. Du châtaignier ? (châtaigne). — 3. Du dattier ? (datte). — 4. Indiquez des arbres à bois dur. (chêne, orme). — à bois blanc. (pin, sapin). — 5. Comment s'appelle l'ouvrier qui abat les arbres ? (bûcheron). — 6. De quel outil se sert-il ? (cognée). — 7. Qu'est-ce qu'une planche ?

1. Indiquez des arbres qui croissent dans les forêts de France. — 2. Des arbres des pays chauds.

4.

Devoir. — Récapitulation.

Copiez et complétez.

1. Les parties principales du végétal sont ... .

2. La fleur forme le ..., et le fruit renferme la ..., qui reproduira la plante.

3. Parmi les plantes, les unes servent à notre nourriture ; telles sont les céréales : ... .

4. La vigne nous donne le ..., dont on fait le ... .

5. Du vin, et de quelques végétaux, on retire l'..., dont il ne faut pas abuser, car il ... lentement.

RÉCAPITULATION DE MOTS USUELS

RÈGNE VÉGÉTAL

1° *Copiez plusieurs fois chacun des mots suivants;* —
2° *Expliquez-en oralement le sens.*

1. Végétaux
racine
tronc
tige
feuille
fleur
pétale
étamine
fruit
graine
noyau
pépin
suc
sève.

2. Labourage
charrue
sillon
semailles
herse
rouleau.

3. Moisson
gerbe
meule

4. Blé
épi
grain
paille
chaume
son
farine.

5. Céréales
seigle
orge
avoine
sarrasin
maïs.
riz

6. Vendange
vigne
cep
treille
raisin
grappe
cellier
pressoir
cuve

alcool
chanvre
lin
cotonnier.
fil

7. Arbres
poirier
pommier
cerisier
abricotier
pêcher
cognassier
prunier
chêne
hêtre
orme
charme
bouleau
châtaignier
peuplier
sapin
palmier
dattier

12. Par la plaine. — Le bétail.

1. Allons par la prairie (fig.).
2. Voici des **bœufs**, des **vaches**, des **veaux** : les uns *paissent**, les autres

Un pâturage.

*ruminent**. Ici, quelques **chèvres** vagabondes ; plus loin, un troupeau de **moutons** qui va, broutant, guidé par le *berger*, et surveillé par le **chien** vigilant.

Notions complémentaires. — 1. Quels services nous rend le bœuf? (il traîne la charrue, nous donne sa *viande* très nourrissante, ses *os*, ses *cornes*). — 2. La **vache**? (elle nous donne du *lait*, dont on tire le *beurre*, le *fromage*). — 3. La **chèvre**? (elle remplace la vache dans les ménages pauvres). — 4. Le **mouton**? (il nous donne sa *laine*, dont on fait les étoffes; sa *chair*, nourrissante et saine; sa *graisse* qui fournit le *suif*, qu'on travaille, qu'on purifie et dont on fait les bougies).

1, 2. Dites ce que vous savez du bétail.

13. *Animaux domestiques.*

1. Il est encore d'autres animaux utiles : tels le **chien**, le **chat**, le **porc**, le **lapin**, qu'on trouve dans toutes les fermes ; le **cheval**, l'âne, le **mulet**, qui portent ou traînent les fardeaux.

Éléphant.

2. En Asie, l'**éléphant** (*fig.*), intelligent et doux, est employé comme bête de somme*; en Afrique[1], le **chameau** (*fig.*) et le **dromadaire**, dociles et sobres, rendent les mêmes services que l'éléphant, en Asie.

Chameau.

Pour apprendre à réfléchir. — 1. Comment se nomme la couche de graisse qui est sous la peau du porc? (*lard*). — 2. Comment doit être mangée la viande de porc? (bien cuite, à cause des vers qui parfois s'y trouvent). — 3. A quel animal féroce ressemble le chat? (tigre). — 4. Comment s'appellent les deux grandes dents de l'éléphant? (défenses). — 5. Combien le chameau a-t-il de bosses? (deux). — 6. Le dromadaire? (une seule).

---

1. Citez des animaux utiles de nos pays.
2. Citez-en qui vivent en Asie, en Afrique.

1. *L'Année enfantine de Géographie* (j'ai 6 ans). collection JEAN BEDEL. (même Librairie).

14. *Le gibier de poil.*

1. La forêt a ses hôtes.
2. Là-bas, apeurés*, légers et rapides, un **cerf**, une **biche** et leur *faon* (fig.); plus

Sanglier.

Biche. Cerf. Faon.

Lièvre.

loin, à travers le fourré, nous entrevoyons un **sanglier** (fig.) ou porc sauvage; un **chevreuil**, à la tête garnie de *cornes* ou *bois*; des **lièvres** (fig.) aux longues oreilles; des **lapins** de *garenne*, qui, à notre approche, se cachent en leurs *terriers** creusés dans le sable.

Notions complémentaires. — 1. Comment s'appellent les *cornes* du cerf? du chevreuil? (bois). — 2. Quelle est la particularité de ces *cornes*? (elles tombent à l'automne et repoussent au printemps). — 3. Que savez-vous du lièvre? du lapin de garenne? (ce sont des animaux rongeurs). — 4. Qu'est-ce que leurs dents de devant ont de particulier? (très coupantes).

1, 2. Parlez des animaux qui font partie du gibier de poil.

15. *L'oiseau.*

1. Vous aimez les **oiseaux**, n'est-ce pas, enfants ? Et vous avez raison : la plupart nous rendent de grands services.

2. Les tout petits oiseaux, qu'on appelle des *passereaux*, qui chantent ou qui gazouillent si gaiement dans nos bois, et volent si légers dans le ciel, ces tout petits oiseaux sont pour nous de grands amis, car ils détruisent une quantité d'insectes nuisibles.

Hirondelle.   Rossignol.

Fauvette.   Bergeronnette.

3. Aimez donc l'**hirondelle** (fig.), la **mésange**, le **pinson**, le **rossignol** (fig.), la **fauvette** (fig.), la **bergeronnette** (fig.) ; aimez-les, et ne détruisez jamais leurs nids.

Notions complémentaires. — 1. Que savez-vous de l'hirondelle? (elle quitte nos climats en septembre, et y revient au printemps). — 2. Du rossignol? (le plus habile chanteur de nos bois). — 3. De la bergeronnette? (elle suit les troupeaux et fait la chasse aux insectes qui tourmentent les moutons).

1. Les oiseaux sont-ils utiles, en général? — 2. Quels services rendent-ils à l'agriculture? — 3. | Citez des oiseaux grands destructeurs d'insectes.

16. L'oiseau (suite).

1. Les **oiseaux de basse-cour** (fig.) nous donnent leur *chair* et leurs *œufs*. Ce sont le **coq**, la **poule**, le **pigeon**, le **dindon**, la **pintade**; — l'**oie** et le **canard** aux pattes qui leur servent de rames; — le **paon** à la superbe queue.

Pintade. Faisan. Dindon.   Paon.   Coq et poules.

2. Le **gibier** comprend : le **faisan**, au plumage doré; la **caille**, la **perdrix**; la **bécasse** qui habite les bois.

Notions complémentaires. — 1. Connaissez-vous des oiseaux rapaces* et dangereux? (aigle, vautour). — 2. des oiseaux qui sortent la nuit et détruisent des souris, de petits animaux nuisibles à l'agriculture? (chouettes, hiboux). — 3. des oiseaux qui grimpent? (perroquets).

Morale. — Avez-vous jamais observé une poule surveillant ses *poussins*? Regardez-la cette mère attentive, et dites si elle n'a pas, pour ses petits, un dévouement semblable à celui que vos chères mamans ont pour vous?

1. Indiquez des oiseaux de basse-cour. | 2. Nommez d'autres oiseaux.

17. *Poissons.*

1. Les **poissons** ne vivent que dans l'eau, ne peuvent respirer que dans l'eau.

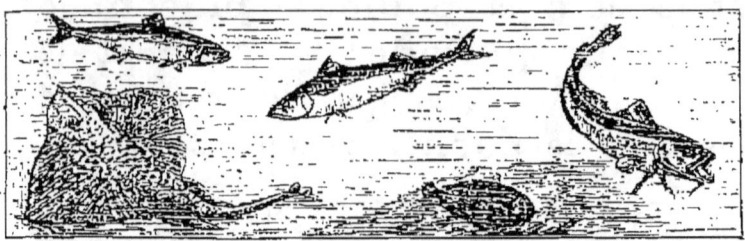

Hareng.   Raie.   Maquereau.   Sole.   Morue.

Ils ont le corps froid et couvert d'*écailles*.

2. Les uns habitent l'*eau douce* des

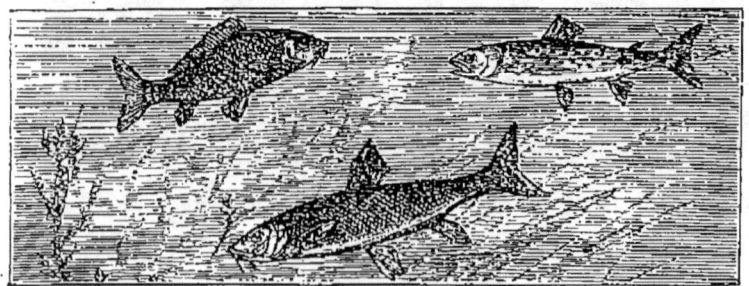

Carpe.   Barbeau.   Truite.

rivières. Ce sont : la **truite**, la **carpe**, le **brochet**, le **barbeau**, l'**anguille**, etc.

3. D'autres vivent dans l'*eau salée* de la mer. Ce sont : les **morues**, les **raies**, les **soles**, les **maquereaux**, les **harengs**.

Exercice de dessin. — Dessinez quelques poissons.

1. Que savez-vous des poissons ? — 2. Citez des poissons d'eau douce. — 3. Des poissons de mer.

18. *L'insecte.*

1. Enfants, observons ce **papillon** (fig.).
2. Voyez, il a *six pattes;* son corps est formé d'*anneaux*, et ses ailes sont merveilleusement colorées. C'est un **insecte**.

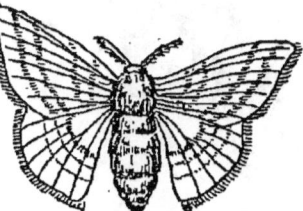
Papillon.

3. Écoutez l'histoire du papillon.
4. D'abord il fut un petit *œuf;* puis ce petit œuf se changea en *une espèce de ver*. Au bout d'un certain temps, celui-ci se fila un

Chenille.   Cocon.

cocon (fig.), devint *chrysalide*, resta immobile et cessa de se nourrir. Alors, il se transforma : des **ailes** lui poussèrent, et, un beau jour, brisant son cocon, il s'élança brillant dans un rayon de soleil.

Notions complémentaires. — 1. D'où provient la soie? (du cocon filé par l'espèce de chenille appelée **ver à soie**). — 2. Indiquez des insectes (mouches, demoiselles, sauterelles, cousins, abeilles, fourmis, hannetons, phylloxera qui attaque la vigne, etc.)

Exercices de dessin. — Imitez le papillon et la chenille.

1, 2. Décrivez un insecte. — 3, 4. Expliquez les différentes transformations ou métamorphoses du papillon.

19. L'abeille.

1. Les **abeilles** (fig.) vivent dans des **ruches** (fig.).

Abeille.

Ruches.

2. Dans une ruche, il y a une **reine** ou **mère**, des **bourdons** et des **ouvrières**.

3. Elles font des **gâteaux de cire** à petits compartiments réguliers ou alvéoles (fig.) ; la reine y *pond des œufs*.

4. Puis les *ouvrières* s'en vont butiner* le *nectar* des fleurs, et le transforment en **miel** qu'elles déposent dans des alvéoles restées libres.

Alvéoles.

La leçon de l'abeille.

Gente abeille blonde
qui fais si doux miel ;
Toi qui, vagabonde,
voles dans le ciel ;
Fine butineuse,
qui baises la fleur ;

Toi, dont l'aile d'or
poudreuse et fragile
abrite un trésor ;
A l'enfant rieuse,
apprends le bonheur
du travail utile.

Exercices de dessin. — Imitez : 1° les ruches ; 2° l'abeille ci-dessus.

1. Où vivent les abeilles ? — 2. Quels sont les hôtes de la ruche ? — 3. Décrivez une ruche. — 4. Comment les abeilles font-elles le miel ?

Devoir — Récapitulation

Copiez et complétez

1. Le bétail comprend … .

2. On appelle bêtes de … ou de trait, celles qui servent à traîner les … . Ce sont … .

3. Les principaux animaux domestiques sont … .

4. Le gibier comprend … .

5. Les … rendent de grands services à l'agriculture en détruisant une quantité d'… . Ce sont … .

6. La plupart des poissons tels que … servent à notre … .

RÉCAPITULATION DE MOTS USUELS

RÈGNE ANIMAL

1° *Copiez plusieurs fois chacun des mots suivants;* —
2° *Expliquez-en oralement le sens.*

1. Animaux
bétail
bœuf
vache
veau
chèvre
mouton
chien
chat
porc
cheval
âne
mulet
éléphant
dromadaire
chameau.

2. Gibier
cerf
biche
faon
sanglier
chevreuil
lapin

3. Oiseaux
hirondelle
mésange
pinson
rossignol
fauvette
bergeronnette
coq
poule
pigeon
paon
dindon
pintade
oie
canard
faisan
caille
perdrix
bécasse
perroquet
chouette
hibou
aigle
vautour

4. Poissons
truite
carpe
brochet
anguille
morue
raie
sole
maquereau
hareng
merlan

5. Insectes
aile
patte
chrysalide
ver à soie
cocon
sauterelle
fourmi
abeille
bourdon
ruche
alvéole

IV. – A travers le sol.

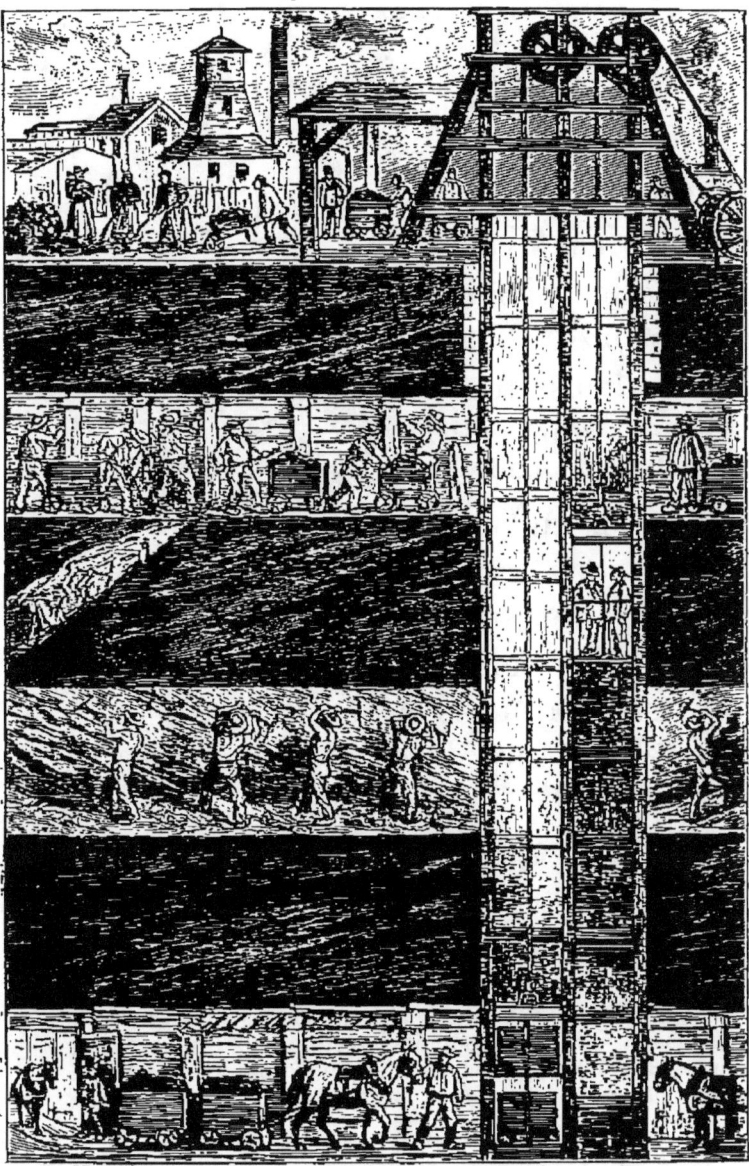

Une mine de houille en activité.

A TRAVERS LE SOL

1. *Les pierres.*

1. Voici une **pierre** (fig.).

Vit-elle ? — Je vous vois rire à cette question, car vous savez que les pierres *ne vivent pas.*

2. Je la laisse tomber. Est-ce que cela lui fait du mal ? — Vous souriez encore, et pensez que c'est

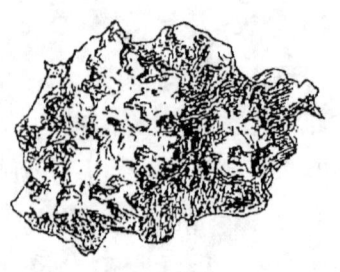

Pierre.

étrange de demander si une pierre peut souffrir, puisqu'elle *ne sent pas.*

3. Et si je la laisse là où elle est tombée, pourra-t-elle, toute seule, *changer de place ?* — Non, n'est-ce pas.

4. Vous le voyez donc : les **pierres** ou **minéraux** *ne vivent pas, ne meurent pas, ne sentent pas, ne bougent pas.*

Exercice d'observation. — 1. Nommez les minéraux que vous connaissez. — 2. Indiquez des objets usuels faits avec ces minéraux. — 3. Où trouve-t-on les minéraux ? (dans la terre ou à la surface de la terre).

---

1. Une pierre vit-elle ? — 2. Sent-elle ? — 3. Peut-elle se mouvoir ? | — 4. Résumez les caractères du minéral.

2. Les métaux.

1. Parmi les *minéraux*, occupons-nous d'abord des **métaux**.

2. Vous les connaissez bien[1]. Ce sont : l'*or*, l'*argent*, le *cuivre*, le *zinc*, l'*étain*, le *plomb*, — le *fer*, dont on tire la *fonte* et l'*acier*.

3. Voyez, ils *brillent*, plus ou moins, mais enfin ils brillent.

4. Et quand vous tenez la cuiller dont vous vous servez pour manger votre soupe, vous remarquez combien l'argent devient chaud, n'est-ce pas? C'est parce que l'argent, ainsi que tous les métaux, *conduisent très bien la chaleur qu'ils ont absorbée*.

5. Pour cette raison les métaux sont dits *bons conducteurs* de la chaleur.

Pour apprendre à observer. — 1. Que fait-on avec l'or? (bijoux, monnaie). — 2. Avec l'argent? — 3. Avec le cuivre? (casseroles). — 4. Avec le zinc? (couverture des toits). — 5. Avec l'étain? (batterie de cuisine étamée). — 6. Avec le plomb? (tuyaux). — 7. Avec la fonte? (charpentes, ponts, voies ferrées). — 8. Avec l'acier? (rails, canons, cuirasse de navires).

1, 2. Citez les principaux métaux. — 3, 4. A quoi reconnaît-on un métal? — 5. Quelle est la propriété des métaux?

[1]. Pour cette leçon et les analogues, il est indispensable que les « objets soient mis sous les yeux et dans les mains des enfants ». (*Programme officiel.*)

3. Le fer. — Son utilité.

1. Quel est le métal le plus utile ?

2. Il y a à parier que vous allez dire : « C'est l'or... ou l'argent, parce qu'ils servent à faire les pièces de *monnaie*. »

3. Eh bien, non. L'or et l'argent ont de la *valeur*, voilà tout ; et cela prouve que « *valeur* » ne veut pas dire « *utilité* ».

Canon. — **Volant***. — **Hélice***. — **Enclume***. — **Rail**.

C'est le **fer** qui mérite le premier rang parmi les métaux. Songez que, sans le **fer**, il n'y aurait point de **chemins de fer**, de **ponts**, de **rails**, de **charpentes** pour soutenir les maisons, point d'**outils** pour travailler, point d'*armes* ni de *canons* pour défendre la patrie !

1, 2, 3. Quel est le plus utile de tous les métaux ? — A quoi sert-il ?

4. La houille. — Les mines.

1. La **houille** ou *charbon de terre* se trouve dans le *sol* (Voir grav. p. 48.).
2. Pour l'extraire, on creuse des **mines**.
3. Tout d'abord, on perce des *puits* jusqu'à ce que l'on rencontre la couche de

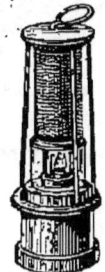
Lampe de mineur.

Outils de mineur.

charbon; ensuite, on creuse de véritables corridors ou **galeries**, dans lesquelles on installe des *rails*, et tout un système de petits *wagons*, destinés à charrier le charbon jusqu'à l'entrée du puits.

4. Les **mineurs** s'éclairent au moyen d'une *lampe* spéciale (fig.), et travaillent dur de la *pioche* et du *marteau*.

Notions complémentaires. — 1. Comment appelle-t-on une mine d'où l'on extrait des pierres? (carrière). — 2. Les carrières sont-elles dans le sol à d'aussi grandes profondeurs que les autres mines? (Non; beaucoup sont à ciel ouvert). — 3. Quel gaz extrait-on de la houille?

1. Où trouve-t-on la houille? — 2. D'où l'extrait-on? — 3. Comment s'y prend-on? — 4. Comment s'éclairent les mineurs dans les mines? — De quels outils se servent-ils?

5. *Pierres d'usage ordinaire.*

1. Il y a des pierres qui sont *tendres* et *molles* ; ainsi l'**argile** ou **terre glaise** (fig.) dont on se sert pour faire la *poterie*, les *briques*, les *tuiles*.

Argile.

2. Il y a des pierres qui sont *assez dures*, telles sont les **pierres calcaires*** (fig.).

3. Certaines de ces pierres sont employées à la construction des *maisons* ; d'autres sont chauffées dans des fours spéciaux et donnent la **chaux** et le **plâtre**.

Pierre calcaire.

4. Enfin il y a des pierres *très dures*. Telles sont le **silex** (cailloux), le **granit**.

Exercice d'observation. — 1. Avez-vous remarqué comment les maçons emploient la chaux? (Ils font, avec du sable, une sorte de petit bassin qu'ils remplissent d'eau, et y versent la chaux. Un grand bouillonnement se produit. Puis, tout se calme. Alors ils ajoutent du sable fin et préparent le *mortier*, dont ils se servent pour unir les pierres les unes aux autres). — 2. Les pierres calcaires se laissent rayer avec un couteau. — 3. Le silex, le granit ne se rayent pas.

---

1. Indiquez une pierre molle. — 2. Citez des pierres assez dures pouvant se rayer. — 3. Indiquez-en les usages. — 4. Citez des pierres très dures.

6. *Le sel.*

1. Le **sel** est un minerai* bien utile.

Mine de sel.

2. En certains pays, on trouve des **mines de sel** (fig.) dans la terre ; et cela s'explique facilement, parce que la mer recouvrait autrefois ces régions.

3. Mais on retire surtout le sel de l'**eau de mer**, qui, vous le savez, est fort salée.

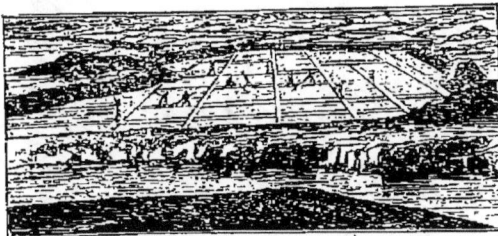

Marais salants.

4. Pour cela, on établit des espèces de petits bassins (**marais salants** (fig.)), dans lesquels on fait arriver l'eau de mer. L'eau s'évapore*, le sel reste au fond : on le recueille.

Notions complémentaires. — 1. Savez-vous comment on appelle les mines de sel qui se trouvent dans la terre? (mines de sel gemme). — 2. Les espèces de marais qu'on établit au bord de la mer pour en extraire le sel? (marais salants).

1. Qu'est-ce que le sel? — 2, 3. D'où l'extrait-on? — 4. Comment s'y prend-on pour recueillir le sel fourni par l'eau de mer?

Devoir. — Récapitulation.

Copiez et complétez.

1. Les principaux métaux sont ... .

2. Le plus utile des métaux est le ... , qui donne la ... et l'... qu'on emploie à la fabrication des ... .

3. La ... s'extrait des ... . La Belgique et l'Angleterre[1] ont des mines de houille considérables.

4. On retire les pierres des ... .

5. Les principales pierres d'usage ordinaire sont ... .

6. Le sel provient des ... ou de ... .

---

1. Voir l'Année enfantine de Géographie.

56 COLLECTION ENFANTINE JEAN BEDEL.

V. — A travers l'espace.

L'air. — Les nuages. — La pluie. — Le vent.

A TRAVERS L'ESPACE

1. *L'air.*

1. Nous ne vous apprendrons rien de bien nouveau, enfants, en vous disant que, pour *vivre*, il faut *respirer*, et que, pour *respirer*, il faut de l'**air**.

2. Vous n'ignorez pas non plus que les cheminées ne tirent pas sans **air** *(fig.)*.

3. Donc, l'air sert à la **respiration** et à la **combustion**.

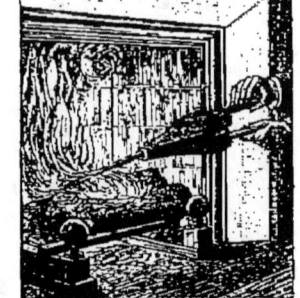

On active le feu en lui envoyant de l'air.

4. Heureusement, il y a de l'air partout : la terre en est enveloppée.

5. L'air ne se voit pas : ce n'est ni un corps solide, ni un corps liquide ; c'est ce qu'on appelle un **gaz**.

Notions d'hygiène. — 1. Quelles précautions doit-on prendre dans les appartements pour que l'air y soit sain ? (Ouvrir fréquemment les fenêtres, afin de renouveler l'air des pièces ; avoir des cheminées qui tirent bien ; éviter les poêles qui dégagent des gaz dangereux ; ne pas dormir dans des chambres étroites, en des lits aux rideaux épais et bien clos. — Se priver d'air, c'est s'abréger la vie.)

---

1. Quelles sont les conditions nécessaires à la vie ? — 2. A quoi peut-on comparer la vie ? — 3. A quoi sert l'air ? — 4, 5. Qu'est-ce que l'air ?

2. Le vent.

1. Qu'est-ce qui produit le vent ? Tâchons de l'expliquer (fig.).

2. Ouvrons la porte de la classe qui donne sur le couloir. Il fait *chaud* dans la classe, il fait *froid* dans le corridor ; l'air froid se précipite dans la pièce où nous sommes (fig.).

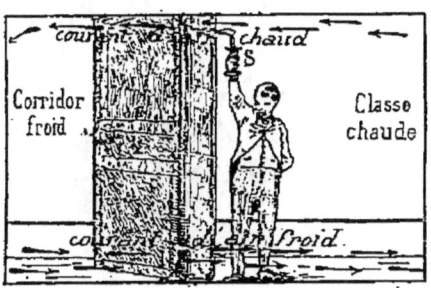

3. Allumons deux bougies. Mettons l'une des bougies au bas de la porte : la flamme se dirige vers la classe. Élevons l'autre bougie : la flamme se dirige vers le couloir.

4. L'air chaud, plus léger que l'air froid, passe *en haut* ; l'air froid passe *en bas*. Cela fait un courant d'air ; cela fait du vent.

5. Il en est de même autour du globe. *L'air chaud de certaines régions monte; l'air froid d'autres régions se précipite à sa place.* Ainsi se produit le vent.

Pour apprendre le français. — 1. Qu'est-ce qu'une tempête ? — 2. Un ouragan ? — 3. Une rafale ?

1, 2, 3. Qu'est-ce que le vent ? — Expliquez par un exemple comment se produit le vent ? — 4. Où passe l'air chaud ? — L'air froid ? — 5. Comment se passent les choses autour du globe ?

3. L'eau.

1. L'eau n'est pas moins utile que l'air : faute d'eau, la plante meurt et l'animal aussi.

2. Mais l'eau est très répandue dans la nature : la **mer** (fig.), dont l'eau est salée, couvre les trois quarts de la surface du globe ; les **sources**, les

La mer.

rivières, les **fleuves**, les **lacs**, les **étangs**, nous fournissent aussi de l'eau ; sans compter les **puits**, que l'on creuse dans la terre jusqu'à ce que l'on arrive à une nappe d'eau souterraine ; les *citernes*, où l'on recueille les eaux de pluie.

3. Les **pompes** sont des appareils au moyen desquels on fait monter l'eau des puits et des citernes à la surface du sol.

Notions complémentaires. — 1. Que faut-il pour qu'une eau soit bonne ? (Il faut qu'elle cuise bien les légumes, fasse bien fondre le savon, c'est-à-dire qu'elle soit **potable**. Les meilleures eaux sont les eaux de source).

---

1. L'eau est-elle très utile ? — 2. Où trouve-t-on de l'eau ? — Quels sont les différents moyens de s'en procurer ? — 3. A quoi servent les pompes ?

4. La vapeur.

1. Nous allons faire chauffer de l'eau (fig.), et observer ce qui se passe.

L'eau bout et passe en vapeur.

2. D'abord l'eau tiédit, fume un peu, puis *chante*. Mais voici que de petites bulles d'air montent vers la surface. C'est joli : on dirait des perles.

3. Voyez ! les perles deviennent plus nombreuses, plus agitées et crèvent à la surface : l'eau **bout**. Un petit nuage s'élève : c'est de la **vapeur**.

4. Plaçons cette assiette froide au-dessus de la vapeur. L'assiette se couvre de *gouttelettes*, parce que la vapeur refroidie est redevenue **liquide**.

Exercice d'observation. — 1. L'air contenant de la vapeur d'eau, que voyez-vous se former l'hiver, sur les vitres? au bord de la voilette des dames? devant votre bouche à chaque respiration? (buée, vapeur d'eau). — 2. Pourquoi? (condensation* de cette vapeur). — Qu'est-ce que la glace? (eau à l'état solide).

1, 2, 3. Expliquez ce qui se passe quand on fait chauffer de l'eau. — | 4. Quand on met une assiette froide au-dessus de la vapeur?

5. *Nuages, pluie, neige, grêle.*

1. Si vous avez bien compris la petite expérience de l'eau bouillante et de la vapeur, vous allez apprendre facilement comment se forment les **nuages** et la **pluie.**

2. Il y a beaucoup d'eau à la surface du globe. Le soleil chauffe cette eau, et en fait passer une partie en **vapeur.**

3. Cette vapeur monte, invisible, dans l'espace, s'y refroidit, et y forme les **nuages** (fig. p. 56).

4. Vient-il à faire froid ? La vapeur qui forme les nuages se transforme en gouttelettes qui tombent en **pluie** (fig. p. 56).

Cristaux de neige.

5. Vient-il à faire très froid ? Cette vapeur se solidifie et devient de la **neige** (fig.) ou de la **grêle.**

Exercice de dessin. — Imitez les figures représentant les formes de la neige.

1, 2, 3. Comment se forment les nuages ? — 4. Comment se forme la pluie ? — 5. Expliquez comment se produisent la neige et la grêle.

6. *Les trois états des corps.*

1. Résumons ce que nous avons dit de l'eau.

2. D'ordinaire, l'eau est **liquide**.

Quand on la chauffe, elle se transforme en **vapeur.**

Quand on la refroidit, elle passe à l'état de **glace**.

3. Ainsi l'eau peut passer par les *trois états :* l'état **solide**, l'état **liquide**, l'état de **vapeur** ou **gazeux**.

4. Et ces trois états ne sont pas seulement la propriété de l'eau, mais encore celle de beaucoup d'autres corps.

5. Si l'on faisait chauffer de l'eau dans un vase hermétiquement clos, il arriverait un moment où le vase éclaterait. Pourquoi ?

6. Parce que la vapeur d'eau contenue dans le vase a acquis une force d'expansion très grande, et qu'elle a cherché à s'échapper.

7. On a utilisé cette **force de la vapeur** pour mettre en mouvement les roues des machines.

1, 2. Que savez-vous de l'eau et de ses différents états ? — 3, 4. Quels sont les trois états des corps ?

7. *L'orage.*

1. De gros nuages s'accumulent au ciel (*fig.*). Il fait chaud et lourd ; nous allons avoir de l'orage, et nos petits écoliers, eux, vont avoir peur du **tonnerre**.

2. Voyez : un **éclair** jaillit entre deux nuages. Cela est dû à l'**électricité**.

3. S'il y a quelque chose de dangereux dans l'orage, c'est l'*éclair* ; mais heureusement, il n'y a pas plus de gens

L'orage.

tués par la **foudre**, qu'il n'y en a d'assommés par un pot de fleurs tombant d'une fenêtre. Voilà qui doit vous rassurer.

4. Et maintenant, entendez le grondement du *tonnerre,* c'est-à-dire le **bruit** *occasionné par le brusque passage de l'éclair à travers l'air.*

Est-il raisonnable d'avoir peur du bruit qui n'est rien qu'un **son?** C'est fou, n'est-ce pas. Eh bien ! riez maintenant de vos frayeurs d'autrefois.

1, 2. Que se passe-t-il pendant l'orage ? — 3. Qu'est-ce que l'éclair ? — 4. A quoi est dû le tonnerre ?

8. *La lumière.*

1. Que c'est bon un chaud rayon de **soleil**, et que c'est gai la **lumière**!
2. Ne savez-vous pas, petits amis, que c'est le *Soleil*, source de cette *lumière*, qui nous verse à la fois la **chaleur** et la vie?
3. Vous figurez-vous la Terre sans le Soleil qui l'**échauffe** et l'**éclaire**? Ni hommes, ni animaux, ni plantes ne pourraient vivre; sans compter que beaucoup d'autres phénomènes* essentiels de la nature ne se produiraient pas.

Rayon réfléchi.

4. Faisons un petit trou au volet (*fig.*). Un rayon de soleil y passe et **file droit** à travers la pièce *obscure*.
5. Recevons-le sur une glace. Remarquez, il se brise et va se *réfléchir* au plafond.

1, 2. D'où provient la lumière que reçoit la terre? — 3. Quelle est l'importance de la lumière? — 4. Comment se propage la lumière? — 5. Que se passe-t-il quand un rayon lumineux tombe sur une glace?

Devoir. — Récapitulation.

Copiez et complétez :

1. La terre est entourée d'une couche d'... qui sert à la ....

2. Le vent est dû au phénomène suivant : l'air ... de certaines régions se précipite à la place de l'air ... d'autres régions.

3. L'eau peut prendre les ... états : l'..., l'..., l'... .

4. Dans certaines conditions, l'eau forme ..., ..., ...

5. Un rayon lumineux chemine en ligne ... ; mais si on le reçoit sur un miroir, il se ... .

RÉCAPITULATION DE MOTS USUELS

RÈGNE MINÉRAL

1° *Copiez plusieurs fois chacun des mots suivants;* —
2° *Expliquez-en oralement le sens.*

1. Minéraux
métal
or
argent
cuivre
zinc
étain
plomb
fer
fonte
acier

2. Mine
puits
galerie
rail
wagon
mineur
minerai
houille
houillère
gaz.

3. Carrière
pierres
calcaire
chaux
mortier
plâtre
argile
poterie
brique
tuile
silex
cailloux
granit
sel
sel gemme.

4. Air
vent.

5. Eau
mer
source
lac
étang
rivière
puits
citerne
pompe
ébullition
vapeur
nuage
pluie
neige
grêle
glace.

6. Orage
électricité
éclair
tonnerre.

7. Lumière
rayon
réflexion.

VI. — Grandes Inventions.

1. *L'Imprimerie.*

1. L'imprimerie, découverte en 1440, par Jean Gutenberg, est une des inventions qui ont eu les plus grandes conséquences au point de vue du développement intellectuel (1).

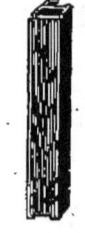
Un caractère d'imprimerie.

Ouvrier compositeur.

2. L'ouvrier **compositeur** (*fig.*) se tient devant des casiers dont chaque compartiment renferme une seule espèce de lettres. Avec rapidité, il prend dans chaque casier, l'une après l'autre, les lettres qui forment les mots.

Machine à imprimer.

3. L'impression se fait au moyen de **presses mécaniques** (*fig.*).

1. Voir l'*Année enfantine d'Histoire de France* (j'ai 7 ans). Collection Jean Bédel (même Librairie).

2. La Locomotive.

Tunnel, viaduc et train.
4. La locomotive est mue par la force de la vapeur.

3. Les Navires à vapeur.

5. L'**hélice*** (*fig.*) est un appareil mis en mouvement par une machine à vapeur située au centre du vaisseau. L'hélice tourne très rapidement sur elle-même. Les ailes de l'hélice frappent l'eau, la refoulent violemment, et font ainsi avancer le navire.

Hélice. — Gouvernail.

Navire à vapeur à hélice.

Navire à vapeur à roues.

Roue à aubes.

6. Les roues à **aubes** sont munies de *lames* destinées à frapper l'eau pour faire avancer le navire (*fig.*).

4. *Le Télégraphe.*

7. Le **télégraphe** permet de transmettre les communications à de grandes distances. Il se compose de deux appareils (*fig.*) reliés entre eux par des *fils de fer* enfouis en terre ou supportés, de dis-

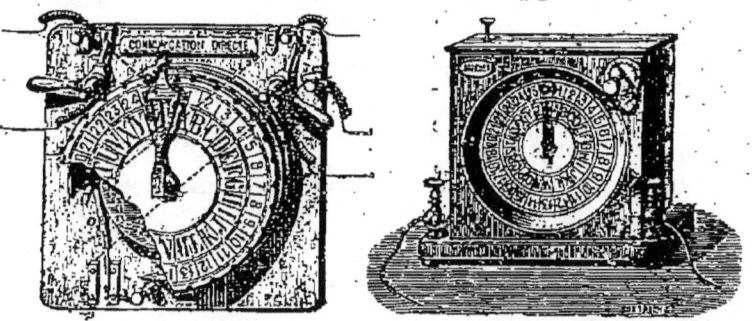

Manipulateur.   Récepteur.

tance en distance, par des poteaux situés ordinairement le long d'une route ou d'une voie de chemin de fer, et isolés par des espèces de godets en *porcelaine*. C'est au moyen de l'**électricité** que s'établit la communication entre les deux appareils.

5. *Le Téléphone.*

8. Le **téléphone** permet de transmettre la parole à de grandes distances.

La personne qui parle se penche vers une planchette mince, en sapin; celle qui écoute porte à chaque oreille un appareil appelé *récepteur*.

LEXIQUE
des mots marqués d'un astérisque.

Apeuré, adj., qui est craintif, qui a peur.

Bâtonnet, m., petit bâton.

Butiner, v., se dit des abeilles qui vont de fleur en fleur pour en recueillir le suc.

Calcaire (pierre), adj., qui contient de la chaux.

Carboniser, v., réduire en charbon.

Chènevis, n. m., graine du chanvre.

Combustion lente, se dit du feu que l'on fait dans les appareils de chauffage dans lesquels l'air se renouvelle lentement.

Condensation, n. c., action de refroidir la vapeur pour la ramener à l'état liquide.

Confiné (air), qui n'est pas renouvelé, donc malsain.

Enclume, n. c., masse de fer sur laquelle on bat les métaux.

Évaporer, v., transformer en vapeur.

Expansive (force), force en vertu de laquelle un gaz tend à prendre un volume plus grand que celui qu'il occupe.

Fermenter, v. se dit des substances sucrées qui, dans certaines conditions, se transforment en alcool.

Filasse, n. c., filaments de chanvre, de lin, préparés pour être tissés.

Filature, n. c., manufacture où l'on transforme les filaments de chanvre ou de lin en fil propre à être tissé.

Hélice, n. c., appareil muni d'ailes qui, en tournant rapidement dans l'eau, fait avancer le navire (v. p. 69).

Herse, n. c., instrument d'agriculture armé de dents, et qui sert à rompre les mottes de terre labourée.

Hygiène, f., tout ce qui concourt à nous maintenir en bonne santé.

Intellectuel, adj., qui se rapporte à l'intelligence.

Levain, n. c., pâte aigrie qui, mêlée avec la pâte dont on veut faire le pain, sert à la faire lever, à la rendre plus légère.

Minerai, n. c., terre mélangée de fer, de cuivre, d'un métal quelconque. C'est des minerais qu'on extrait les métaux.

Nectar, n. c., se dit du suc des fleurs.

Paître, v., se dit des animaux qui broutent l'herbe dans les champs.

Phénomène, n. c., se dit de tout ce qui se manifeste dans la nature (pluie, vent, orage, etc.).

Pignon, n. c., mur de côté des maisons par rapport à la façade.

Rapaces, adj., oiseaux de proie, c'est-à-dire qui se nourrissent de chair.

Règnes (de la nature), les trois grandes divisions des êtres (animaux, végétaux, minéraux).

Ruminer, v., se dit des animaux qui peuvent faire remonter dans leur bouche l'herbe qu'ils ont avalée une première fois, de manière à la mâcher de nouveau.

Somme (bête de), animal pouvant porter les fardeaux.

Suc (de plantes), m., liquide qui se trouve dans les végétaux.

Terrier, n. c., trou où se blottit le lapin.

Textile, adj., qui peut être tissé.

Vert (fruit), fruit qui n'est pas mûr.

Volant, n. c., roue pesante qui, en tournant, régularise les mouvements d'une machine.

TABLE DES MATIÈRES

I. Notions préliminaires.
1. Les 7 jours de la semaine.. 5
2. Les 12 mois de l'année..... 5
3. Les 4 saisons de l'année.. 5
4. Les trois règnes de la nature. 6

II. Autour du foyer.
Grande gravure.......... 7
1. Nos maisons............. 8
2. Pour construire une maison. 9
3. Le chauffage............ 10
4. L'éclairage.............. 11
5. Hygiène de l'habitation.... 12
6. Nos vêtements.......... 13
7. Nos aliments........... 14
8. Nos aliments (suite)...... 15
9. Boissons............... 16
10. Notre corps............. 17
11. Notre corps (suite)....... 18
12. Les cinq sens............ 19
13. Petites notions d'hygiène. 20-21
Devoir. Récapitulation.... 22
Récapitulation de mots usuels............... 23

III. A travers les champs.
Grande gravure.......... 24
1. Le végétal.............. 25
2. La fleur. — Le fruit...... 26
3. Le blé................. 27
4. Ce que l'on fait du blé.... 28
5. Céréales............... 29
6. La vendange. — Le vin... 30
7. L'alcool dans les boissons naturelles.............. 31
8. Alcools industriels....... 32
9. Plantes textiles.......... 33
10. Les arbres fruitiers....... 34
11. Les arbres.............. 35
Devoir. — Récapitulation. 36
Récapitulation de mots usuels................ 37

12. Par la plaine. — Le bétail. 38
13. Animaux domestiques..... 39
14. Le gibier de poil......... 40
15. L'oiseau................ 41
16. L'oiseau (suite).......... 42
17. Poissons................ 43
18. L'insecte............... 44
19. L'abeille................ 45
Devoir. — Récapitulation.. 46
Récapitulation de mots usuels............... 47

IV. A travers le sol.
Grande gravure.......... 48
1. Les pierres............. 49
2. Les métaux............. 50
3. Le fer. — Son utilité...... 51
4. La houille. — Les mines... 52
5. Pierres d'usage ordinaire.. 53
6. Le sel.................. 54
Devoir. — Récapitulation. 55

V. A travers l'espace.
Grande gravure.......... 56
1. L'air................... 57
2. Le vent................ 58
3. L'eau.................. 59
4. La vapeur.............. 60
5. Nuages, pluie, neige, grêle. 61
6. Les trois états des corps... 62
7. L'orage................ 63
8. La lumière............. 64
Devoir. — Récapitulation.. 65
Récapitulation de mots usuels................ 66

VI. Grandes Inventions.
1. L'imprimerie............ 67
2. La locomotive (grav.)...... 68
3. Les navires à vapeur...... 69
4. Le télégraphe........... 70
5. Le téléphone............ 70
Lexique................. 71

Paris. — Imp. E. Capiomont et Cie, rue de Seine, 57.

Pub. perm. n° 1.
Armand COLIN et Cie*, Éditeurs, 5, rue de Mézières, Paris.*

LE
Petit Français illustré

JOURNAL DES ÉCOLIERS ET DES ÉCOLIÈRES
Paraît le samedi.
10 centimes le numéro avec Supplément

CHEZ TOUS LES LIBRAIRES ET MARCHANDS DE JOURNAUX

ABONNEMENTS :

France : Un an, 6 fr.; six mois, 3 50 — Étranger : Un an, 7 fr.
630 pages, 520 gravures par an.

Médaille d'honneur de la Société d'Encouragement au bien.

Contes. — Histoires. — Voyages.	Biographies d'hommes illustres
Aventures extraordinaires.	Histoire des inventions utiles.
Récits et Légendes historiques.	Histoire naturelle.
Poésies.	Phénomènes de la nature.
Beaux-Arts.	Horticulture. Agriculture.
Charades et Jeux divers, etc.	Sciences vulgarisées, etc.
Biographies d'enfants célèbres.	Questions amusantes.

Belles et nombreuses **gravures.** — *Dessin, coloriage, découpage, etc.*

ENVOI D'UN NUMÉRO SPÉCIMEN SUR DEMANDE

Le Petit Français illustré est destiné aux enfants de 10 à 15 ans. Il apporte chaque dimanche à ses jeunes lecteurs d'utiles et amusantes distractions. Il met à leur portée les notions scientifiques que tout le monde doit posséder; il explique sous une forme simple et attrayante, avec l'aide de gravures, tous les faits de nature à étendre les connaissances de l'enfant; il s'attache à lui faire comprendre, par des applications pratiques et familières, l'utilité et le charme de ce qu'on lui apprend en classe. Aussi pouvons-nous en toute confiance recommander un tel auxiliaire aux maîtres et aux maîtresses qui n'ont pas eu encore l'occasion de l'utiliser. Ils reconnaîtront bientôt combien il facilite, en s'emparant de l'imagination des élèves, le développement de leur intelligence et leurs progrès dans la connaissance de la langue française.

Le **Petit Français illustré** est.

Le plus recommandable | *Le plus varié*
Le plus intéressant | *Le mieux illustré*

de tous les journaux d'enfants

Le *Petit Français illustré* forme chaque année un volume in-8° jésus de 630 pages, illustré de plus de 500 gravures, broché, 6 fr.; relié toile, fers spéciaux, tranches dorées... 9 »

P. 4748. — 1

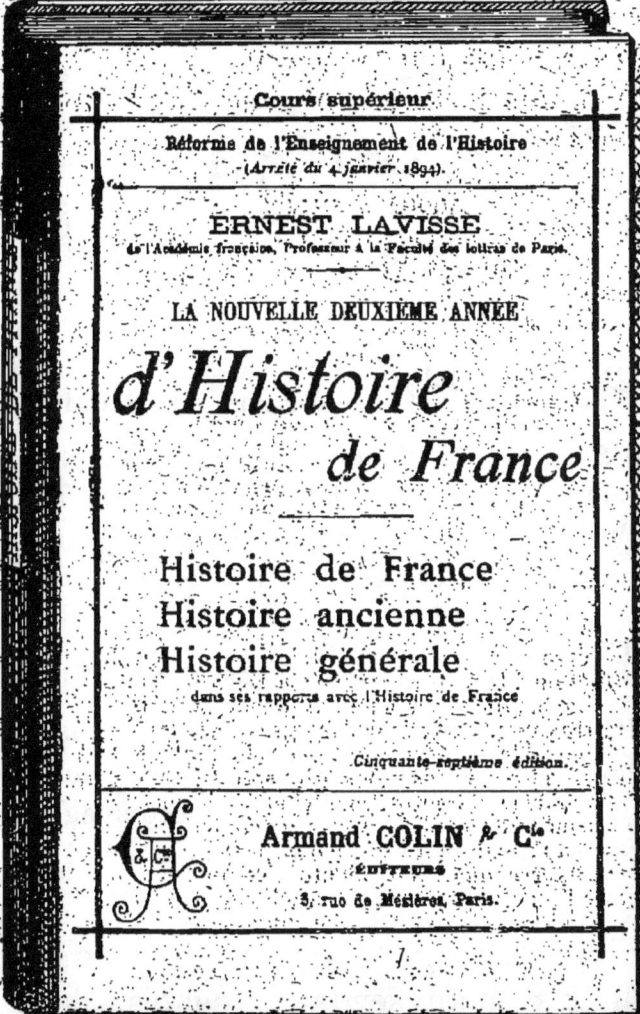

Armand COLIN et Cie, Éditeurs, 5, rue de Mézières, Paris.

JULIEN BOITEL
Licencié en Droit, Agrégé de l'Université,
Ancien élève de l'École normale d'Auteuil, ancien Instituteur à Paris,
Ancien professeur directeur d'études au collège Chaptal,
Directeur de l'École Turgot.

La Récitation
appliquée à l'Éducation

La Récitation (6 à 9 ans) **appliquée à l'Éducation.** 60 Morceaux choisis classés méthodiquement et par ordre de difficulté, expliqués, précédés de notices biographiques et accompagnés de 200 Maximes morales. 1 vol. in-12, cartonné. » 75

La Récitation (9 à 12 ans) **appliquée à l'Éducation.** 86 Morceaux choisis classés méthodiquement et par ordre de difficulté, expliqués, précédés de notices biographiques et accompagnés de 257 Maximes morales. 1 vol. in-12, cartonné. 1 »

Le présent ouvrage a obtenu le *premier prix*, sur 218 manuscrits présentés, dans le concours ouvert par la **Correspondance générale** pour la composition d'un recueil de **Morceaux de Récitation**.

Armand COLIN & Cie, Éditeurs, 5, rue de Mézières, Paris

RÉCITATION

appliquée à l'Éducation

Par JULIEN BOITEL

Cours élémentaire (6 à 9 ans)...... » 75
Cours moyen (9 à 12 ans)......... 1 »

Armand Colin et Cie, Éditeurs
5, rue de Mézières, Paris.

Paris. — Imp. E. Ca...

www.ingramcontent.com/pod-product-compliance
Lightning Source LLC
LaVergne TN
LVHW051456090426
835512LV00010B/2173